支援を要するあの子に届く

ぴったりフレーズ

山崎克洋　著

東洋館出版社

はじめに

教師になって5年目のとき。

本気で支援教育を学ばなければ、教師としてやっていけない。

そう思った年がありました。

多動な子。

衝動性の強い子。

学力的に厳しい子。

こだわりの強い子。

多様な子どもたちと日々接する中で、毎日、毎日、自分の言葉が届かない。そんなもどかしい時間が続きました。

子どもたちとの記録を取り、振り返り、本を読み、自分から学びの場に出かけ、そしてまた、子どもたちと向き合う。

そんな繰り返しの中で、本当に微かに子どもたちに届いた言葉がありました。

子どもたちの目の色が変わり、行動が変わり、心に火が灯っていくそんな言葉。支援を要する子たちに届く言葉が間違いなくあると、そのときに確信したのを今でも覚えています。

今、教師になって16年が経ち、私の肌感覚でも、明らかに支援を要する子どもが増えてきていることを感じます。そして、多くの教師が、どうすれば支援を要する教室のあの子たちの行動が変わってくれるのか、それに悩んでいる先生を多く見ます。

私自身、今もなお、その悩みの真っ只中にいます。

それでも、これまでの教師人生で出会った子どもたちが教えてくれた言葉を、今回まとめてみようと思いました。

本書で書かれているフレーズは、決してすべての子に届くような言葉ではありません。あくまで、私が出会った子どもたちに届いた言葉です。

しかし、皆さんの目の前にいる教室のあの子に『ぴったり』の言葉を紡ぐ、ヒントになると信じております。

そして、その言葉が一人でも多くの先生方と支援を要する子どもたちの背中を押す言葉になることを願っています。

目次

第3章 支援を要するあの子に教えたいぴったりフレーズ

第4章

支援を要するあの子の保護者に伝えたいぴったりフレーズ

第5章

支援を要するあの子の担任を支えたいぴったりフレーズ

第1章

支援を要するあの子たち

発達障害の障害名の一人歩き

私が教師になった頃、「発達障害」という言葉はそれほど認知されていませんでした。

文部科学省の調査では、「知的発達に遅れはないものの学習または行動面で著しい困難」を示し、注意欠陥多動症（ＡＤＨＤ）など発達障害の可能性があると推定された小中学生は、２０１２年の調査では6.5％だったものが、２０２２年の調査では、8.8％となり、全国の公立小中学校で推計すると70万人を超えるようになりました。

文部科学省の担当者は、増加の要因について「教師や保護者の特別支援教育への理解が進み、対象者に気づきやすくなった」と分析しています。

実際、教師の研修でも、発達障害が取り上げられることが多くなりました。

それと同時に、保護者や社会一般の中でも、発達障害というワードが認知され、今では芸能人の中でも、自分自身に発達障害があることを公表している方も増えました。

このことから、障害への理解が深まったというプラスの側面はあると考えています。

しかし、その一方で、どこか障害というラベリングで何でも見てしまう傾向が強まったようにも感じています。

実際、教師の中でも、まだ診断が下りていない段階で、あの子はＡＤＨＤだから、あの子はＡＳＤだからと、すぐにラベリングをして会話をすることもよく聞かれました。

結果的に、我々教師はどこか診断を促したり、検査をしたりすることをゴールにして、支援教育を進めてきてはいないでしょうか？

時代はインクルーシブ教育を推進しているのに、ラベリングによって、排除的に考えてしまう。発達障害という障害名だけが一人歩きしている気がしてならないのです。

個性全盛の時代

私の好きな漫画に『僕のヒーローアカデミア』というものがあります。

この作品は、「個性」と呼ばれる超常的な能力をもつ人々が存在する世界を舞台に、ヒーローたちがヴィラン（悪役）と戦う王道のバトル漫画です。

この中で、人の役に立つ「個性」を持つものもいれば、周りから忌み嫌われる「個性」をもつものが出てきます。

そして、そんな忌み嫌われるような個性の中にも、使い方を変えれば、大いに誰かの力になる個性があり、それぞれのもつ個性の素晴らしさに気づける素敵な漫画です。

この漫画を読みながら、「発達障害って何だろう?」「個性って何だろう?」と考えることが増えました。

発達障害について学ぶことは素晴らしいことですし、私も発達障害に関しての研修をた

くさん受けてきました。

けれど、発達障害を障害名だけで見るのではなく、一人ひとりの個性としてもう一度、見ていく必要があるのではないかと最近考えています。

発達障害というカテゴリーはなくとも、大人も子どももみんな、何かしら個性をもっています。

たとえば、こだわりという個性は、見方を変えれば、粘り強さという個性になるでしょう。

すぐに思ったことを口に出してしまう衝動性は、何でもチャレンジする意志という個性になるでしょう。

こういった様々な個性を、私たちはグラデ

ーションのようにもちながら生きています。

そして、このような個性が、それぞれの人の「大きな生きる力」になっていくはずです。

だからこそ、本書では、障害名をもとに効果的なフレーズを書くことは避けました。

誰にだって、こだわりが強い部分もあれば、誰にだって、落ち着きがない部分もあるでしょう。

そのような一人ひとりの個性を見取り、あの子にぴったりの言葉を紡ぐのが、私たち教師の仕事なんだと思います。

ですが、若い先生方にとって、すぐに目の前の子にぴったりの言葉が紡げるわけではありません。

だからこそ、この本で書かれたフレーズが、「あの子」に届く言葉を探すヒントになればと思っています。

そのまま使ってみてもよいですし、目の前の子に合わせて修正してもよいでしょう。

大切なことは、目の前のあの子に合わせて、オーダメイドされた言葉を紡ぐことだと思っています。

教室のあの子を知るために

さて、ここまで読んだ方の中には、「じゃあどうやってその子の個性を見ていけばよいのか?」と、そう思われた方も多いでしょう。

一人ひとりの個性を知る方法は無数にありますし、専門的な知識のある方の力を借りることも大いに有効です。

ただ、教師自身が日常の中で、比較的簡単に子どもの個性を知る方法を紹介します。

▼レクリエーション

私は教室でレクリエーションをすることが多いです。4月、色々な遊びを通して子どもたちの動きや特徴をつかむようにしています。

たとえば、『命令ゲーム』があります。

「命令○○します」というように、命令という言葉がついたときだけ、体を動かすゲームです。

途中、命令という言葉をなくして、教師が指示を出して、子どもたちを引っ掛けていきます。

このゲームでは、聴覚情報のキャッチがどれくらいできるか、自分の体を正確に動かすことができるのかを見取ることができます。

他にも、ペア活動を促す『じゃんけんチャンピオン』があります。

次の順番でじゃんけんをします。

①同性同士でじゃんけん

②異性同士でじゃんけん

③先生とじゃんけん

勝ったら、同性→異性→先生の順番に挑戦する相手を変えます。

負けると、同性同士のじゃんけんに戻ります。

先生に勝ったらチャンピオンとして、自分の席に戻ります。

この活動では、他者と関わる力、勝ち負けに対しての耐性など、コミュニケーションに関する力を見取ることができます。

このように4月の段階は、いくつかのレクを通じて、その子の個性の部分を見取るようにしています。

▼自分の得意を知るアンケート

同時処理と継次処理というものがあります。

同時処理は、複数の情報をその関連性に着目して全体的に処理する様式（視覚優位）

例）工作の完成品を見てからつくる方が好き

継次処理は、情報を一つずつ時間的な順序によって処理する様式（聴覚優位）

例）工作のつくり方の手順を教えてもらってからつくる方が好き

多くの人が、このどちらかが強い傾向があります。たとえば、私は同時処理の視覚優位の傾向が強く、聴覚的な指示は入りづらいです。

このような特徴を知るための簡易アセスメントとして、アンケート（左の二次元コード）を取ることがあります。あくまで簡易ですし、正確な分析ツールではありませんが、教室で子どもたちの大まかな傾向をつかむ意味では役に立ちます。

▼ＡＢＣ分析（応用行動分析）

子どもたちの不適応行動が見られたとき、それがいったい1日に何回起きているのか、どんな場面で起きているのか、これらを知ることは大切なことです。そして、その記録をもとに、行動を分析することで、適切な言葉がけも見つかっていきます。

この行動を分析する方法の一つに、応用行動分析の手法の「ＡＢＣ分析」というものがあります。

Ａが行動の先行事象（Antecedent）です。別の言い方をすれば、不適応行動が起きる原因要素です。

Ｂが行動（Behavior）です。実際にやってしまった不適応行動がここに入ります。ただし、不適応行動だけでなく、よい行動もまた分析対象になるので、よい行動を入れて分析するのもぜひやっていただきたいです。

そして、Ｃが結果（Consequence）です。行動を受けて、教師が何をしたか、子どもが何をしたかなどを指します。

Ⓐ Antecedent 行動の先行事象

Bが起こった
きっかけ、原因要素

Ⓑ Behavior 行動（不適応行動）

具体的な行動

Ⓒ Consequence 結果

教師が何をしたか
子どもが何をしたか

叱った
反抗して逃げた

私たちは、不適応行動を見たときに、つい行動部分にだけ目が行きがちですが、その先行事象にいったい何が起きているかを丁寧に見ていく必要があります。

その際に、Aの先行事象をまずは分析することが大切です。

そこを見ることで、環境的要因なのか、対人的要因なのか、生理的要因なのか、時間的要因なのかなど、先行事象を分析することができます。

結果、事前に様々な環境調整によって予防ができるかもしれません。

また、Cの結果を分析する際、教師の対応部分に着目したり、その対応の結果、当該児童はその後の行動が増えるか減るかも分析対象になります。

適切な対応の一つとして、今回の支援フレーズが有効になる場面もあるでしょう。

だからこそ、ABC分析が使えることで、適切な支援フレーズを吟味しやすくなります。

ABC分析については、ぜひ専門書を読んで、日常的に使えるようにしていけるとよいと思います。

毎回、何かに記録できるわけではありませんが、頭の中でABCのフレームをイメージして、一つひとつの行動を考え、対応を瞬間的にできるようになりたいと私自身は思っています（ABC分析の関連書籍は、参考文献に掲載）。

▼校内の支援システムや関連機関を頼る

自分で何でも見取ろうとすることには限界があります。

だからこそ、積極的に私は校内の特別支援コーディネーターに相談して、発達支援の関連機関の方の力を借りるようにしています。

ただ、若手の場合、どうしても遠慮して、相談できない人は多いものです。結果的に対応が後手になっていくケースも多いので、まずは、どんどん相談されることをおすすめします。

そして、専門的な知見でアセスメントをしていただくことで、適切な支援方法がより見えてきます。

保護者の方も昔ほど、検査等に対して否定的な考えをもっているわけではありません。あの子の強みと弱みを知りたい、あの子の困り感に寄り添う授業がしたいという教師としての願いをしっかり伝えていくことで、理解していただけるケースが多いです。

また多くの場合、校内の支援システムとして、引き継ぎのための支援シートがあるため、そこから見取ることも大切です。

ただ、私が知っているかぎり、この支援シートなどには、子どもの実態は書いてありますが、子どもの特性に対して、どのように関わっていくと有効だったかといった手立てが書かれているケースは少なかったです。

これでは、担任が変わるたびに、対応が変わったり、対応方法をゼロベースで探っていったりする作業が必要になってしまいます。

そこで、私は『継続的な支援を促す 手立て引継ぎシート』というものを作成しました（左の二次元コード）。支援が必要な子の特性とともに、代表的な支援場面と効果的な手立て（フレーズ）をセットで記述したものです。これを毎年、積み重ねていくことで、支援方法がより共有化されていきます。

特に、NG対応は、前年度担任の先生の失敗から学ぶという点でも、大切な引き継ぎになります。前年度の担任の先生からのプレゼントとして、これを学校のシステムにしていけると効果的です。
※支援シートの記述は架空の人物です。

継続的な支援を促す　手立て引継ぎシート　記入例			
		記録者	小田原 花子
名前	山田 太郎	健康面	喘息あり
好きなもの	昆虫	嫌いなもの	大きな音
得意なこと	計算の暗算	苦手なこと	強い匂い 字を書くこと
習い事	そろばん	家庭環境	両親共働き
本人の特性	多動性・衝動性があり、こだわりも強い。 勝ち負けに執着することも多く、負けると気持ちのコントロールができなくなる。 自分が出す音は気にならないが、周りの大きな音は気になる。 学力は高いが、字形を整えて書くことができないため、ノートを書くことを嫌う。		
支援の手立て	よくある支援場面	効果的な手立て （フレーズ）	NG 対応
場面①	話の途中でも質問をしてしまう。	目線だけ合わせて、手で待ってとポーズをすると気づける。その上で、「待ってくれてありがとう。質問どうぞ。」と伝えるとよい。	質問に答えてしまうと、話の途中で質問するのが癖になる。逆に、質問したことを注意すると、不貞腐れる。
場面②	鬼ごっこで、タッチできないと怒ってしまう。	イライラが見えてきたら、「休憩する？それとも、先生と鬼を交代する？」と選択肢を与えて聴く。	そのまま、放置すると、終了後他害などにつながる。ただ、休むことだけを促すと、無理に頑張ろうとして、余計に怒る。
場面③	ノートを書くのをめんどくさがって、書こうとしない。	ノートに書く量を減らす。「全部ではなく、ここだけなら書ける？」と限定して提案する。 教科書に直接書き込むこともOKにする。	無理に全部をノートに書かせる。 書かないと、休み時間なしなどの罰を与える。強い指導をすると、ノートを破いてしまう。
支援に関して補足情報	勝ち負けに対しての耐性が少しずつ身についてきているが、まだ怒ってしまうことがあるため、予告をしてあげると、コントロールがしやすくなることがある。 コミュニケーション教室に通うことを、検討している。 保護者との連絡は電話でした方がよい。両親とも協力的ではあるが、マイナス的に子どものことを捉えがちなので、ポジティブな情報をたくさん伝えていく方がよい。		

▼わたしのトリセツ

小学校高学年以上におすすめしたい取り組みに、「わたしのトリセツ」（左の二次元コード）というものがあります。

ＮＨＫの企画で、自分の困りごとや特性を周囲の人に理解してもらうためのワークシートがあります。

その子に発達障害があるかないかにかかわらず、自分自身が抱えている困り感などを自分自身で言語化することは、とても大切なことです。

教師の見取りだけではわからなかった、その子自身が抱えている困り感に寄り添うために、効果的なツールにもなります。

また、ＮＨＫのサイトのワークシートをそのまま活用するのではなく、４月の自己紹介カードに、自分の苦手なことや自分が困りやすいこと、みんなにどんな関わりをしてほしいかなどを書く欄を設けて、お互いのことを知る活動も有効だったりします。

学年の小さいうちは、自分自身のことを言語化することは難しいですが、学年が上がる

につれて、そのような客観的に自分を見る活動も大切だと思います。

そして、それらのトリセツが、教師の発する言葉を選ぶ際にも参考になります。

▼日常の授業と対話が最大のアセスメント

結局一番子どもたちと関わるのは、日常の授業です。

授業を通して、たくさん子どもたちと対話をする中で、子どもたちの様子を見取ることができます。

ただし、授業は毎日必死でやっているため、授業中に記録を取ることはきっと厳しいでしょう。

だから、放課後5分間と決めて、支援を要する子の記録を取る方法もあります。

時間を決めないといつまでもできてしまうからこそ、時間を限定して、その時間で書ける範囲で記録を取っていくと、見えなかったことが見えてきたりします。

このような記録は、次の担任の先生への大きなギフトになります。

口頭ではなく、しっかりとした引き継ぎ資料として、記録を地道に取っていくことは、支援を要する子を数年先まで支えていきます。

今日の授業で○○さんががんばれたのは、
あのとき作業の手順を視覚的に示したから。
次回の授業ではもう少し……

本書の読み方

本書では、4つの章に分かれて、支援を要する子に関連したフレーズを取り上げました。

第2章では、支援を要する子のタイプとして20のタイプの子を例に、それぞれの子どもたちに届いたフレーズを20種類紹介しています。

架空の子どもの名前を挙げながら、教師が対応に困る場面をイメージできるように書きました。

その上で、どのような言葉がけが有効か例を示しています。

第3章では、支援を要する子自身に身につけてもらいたいフレーズを10種類紹介しています。支援を要する子を教師の外的要因で変えるのではなく、その子自身がソーシャルスキルとして身につけてほしいフレーズを書きました。

これらのフレーズは簡単には身につかないため、次のようなステップが必要です。

①言葉の意義を語る
②お手本を示す
③実際に使ってみる
④価値づけやアドバイス

このようなステップで繰り返し実践して初めて身についていきます。

時間はかかりますが、その子自身の力を伸ばす意味で大切な言葉がけです。


第4章では、支援を要するあの子の保護者に伝えたいフレーズを5種類紹介しました。

保護者との連携がうまくいかず、適切な支援ができなくなってしまうケースをこれまで何度か見てきました。

支援教育を進める上で、保護者との連携は必須です。だからこそ、どんな言葉を届けることが、保護者と同じ方向を見て教育することにつながるのか、それをフレーズの形で書きました。

保護者の年齢が自分より上の場合、なかなか関係性をつくりづらい方も多いと聞きます。

そのような方にぜひ、意識してもらいたいフレーズです。

第5章は、支援を要するあの子の担任を支えるために必要なフレーズを紹介しました。

支援を要する子を担任していない教師は、今の時代ほとんどいないでしょう。

だからこそ、自分以外をさりげなく支えることが、あなたにもできるかもしれません。

特別な言葉ではなく、日常的な会話の中でできる「小さな思いやりの言葉」が、きっと同僚の心の支えになるはずです。

そして、それが自分の学校の支援を要するあの子を遠くから支えることにもなります。


当たり前ですが、これらの支援フレーズは万能ではありません。

言葉は同じでも伝え方（表情、目線、タイミングなど）で大きく変わってくるでしょう。

また、言葉を伝えずノンバーバルで接してあげる方が適切な場合もあります。

一つひとつの言葉を、今、目の前の子どもに合わせて、オーダメイドしながら使ってみていただければ幸いです。

きっと教室のあの子にだけ届く、ぴったりのフレーズが見つかるはずです。

第2章

支援を要する
あの子に届く
ぴったりフレーズ

こだわりの強い子①——01

今やる？ ３分後やる？

学級担任をしていて、対応に困る子に「こだわりの強い子」がいます。

ＴＯＳＳ特別支援教育誌において５００名以上の教師にアンケート調査をしたところ、教師の対応に困る子のランキングで１位にも挙げられました。

どうして、これほどまでに、こだわりが強い子への対応に、私たち教師は困るのでしょうか。

その理由は、教師自身が「こだわりにこだわってしまう」からです。

「この活動をさせたい」「この行動を早くやめさせたい」。そんな教師の思い（こだわり）が子どものまだ取り組みたいというこだわりとぶつかってしまうのです。

ぶつかっている限りは、常に平行線です。

だからこそ、教師は子どものこだわりを上手に使って、適切に行動を促したいです。

その方法の一つが選択肢を与えるというものです。

たとえば、休み時間に絵を描いていたたかしくん。

授業がはじまっても、なかなかその行動を変えることができません。

そんなときには、「算数の授業、今やる？　３分後やる？」のように選択肢を与えます。

この選択肢を与える方法は、こだわりの強い子にとって、自己決定を促すためとても有効です。

自分で決めたことなら、そこにこだわりが生まれるからです。

さて、この選択肢を与える際には、いくつかの注意点があります。

①選択肢はどちらも適切な行動につなげる
②本人が達成できる選択肢にする
③選択肢に強弱をつける
④終わりが明確な選択肢（時間や数など）にする
⑤決めたことは必ず守らせる

「算数の授業、今やる？　それともやらない？」

このような言葉がけは、やらないことを選択しがちです。

だからと言って、次のようなものもダメです。

「算数の授業、今やる？　それとも10秒後やる？」

10秒では、その子の絵が描きたい気持ちがおさまるわけがありません。

教師は、目の前の子どもたちの実態に合わせた選択肢を提示します。

しかし、こちらが提示した選択肢に対して、交渉してくる子もいます。

「５分後がいい」

このような場合は、安易にＯＫしてはいけません。

それをＯＫするということは、今後も交渉可能ということを伝えることになります。

つまり、主導権を渡してはいけないのです。

ただ、そのままだと納得しそうにないと判断したら、

「じゃあ、４分後だったらいいよ」

ともう一度こちらに主導権をもってきて提示します。

このように、主導権はこちらにありながらも、自己決定する権利は相手に与えることが大切です。

そして、それが守れたときには、大いに認めてあげる必要があります。

また、決めたことを守りやすいように、タイマーなど数字で見える化してあげると切り替えやすい子が多いです。

こだわりの強い子②——02

特別に○○してみる？

こだわりが強い子にとって、こだわっていることから、別のことに興味を移すことは決して簡単なことではありません。

そんなときに、こだわりを上手に上書きするフレーズが「特別に○○してみる？」です。特別感があることを好む子は多くいますが、こだわりの強い子ほど、その傾向も強いです。

たとえば、教室移動の際に、なかなか移動ができないゆりさん。

折り紙への興味から、次の体育の活動への興味がもてないようです。

そんなときには、次のように言ってみます。

「ゆりさん、今から授業で使う特別な道具を取りに行くんだけれど、特別に先生と一緒に取りに行く？」

すると、急に興味が「特別な道具」へと移っていきました。

この特別な道具は、別に本当に特別でなくても大丈夫です。

リレーで使うバトンでも、チーム分けで使うビブスでも、何でも構いません。

大切なことは、教師がそれを特別な仕事として考え、その子と一緒に取りに行くことを「特別」と思って接することです。

この特別感がある仕事を頼まれると、不思議と力が出てきます。

その結果、先生からも感謝され、仲間からも感謝されるきっかけになります。

子どもたちにとっての視点をずらし、次の行動への興味を移していくきっかけとして、

「特別」という言葉は大変有効です。


さて、この特別という言葉は、他の場面でも応用できます。

子どものこだわりから、その子が何か要求をしてきた場合です。

たとえば、ゆりさんがどうしても折り紙がやりたくて、授業中に折り紙を取り出してやろうとしています。

止めようとすると、今にも怒り出しそうです。

「今日だけ、特別に1回だけやってもいいよ。折り紙、1枚折ったらやめられるかな?」

すると、ゆりさんはコクリと頷き、折り紙を1枚やった後、授業に参加したのでした。

結果的に、行動を自然に切り替えることができ、担任からもほめられました。


この「特別」は、特別ルールです。

通常は認められない行動ですが、それをその日限りのルールとすることで、ルールを変えることなく、次の行動へ促すことができます。

ただし、これを今日だけが特別であることを伝えないと、「前はいいって言ったじゃんかぁ！」というように、怒り出す子もいます。

これは、子どもの中で、教えていないうちにルールができあがってしまっているのです。こだわりの強い子ほど、このようなルールに対しても、実は厳しかったりします。

だからこそ、私たち教師は、慎重に色々な行動を認めていく必要があります。

安易に許容してしまったこと、何気ない教師の言葉や行動は、その一つひとつが教室のルールになっていきます。

だからこそ、迷ったときは特別ルールをつくって、日常的なルールにするかどうかは、慎重に判断をしていきたいです。

衝動性のある子――03

黙って手を挙げた人に聞くね

（はい！　はい！　はい！　〇〇でしょ！）

元気よく自分の意見を発言するげんきくん。

元気があるのは素敵なことですが、挙手と同時に発言が教室に響き渡ります。

「げんきくん、指名されてから発言しなさい！」

（はーい……）

ちょっぴり落ち込むげんきくん。


このような場面、教室でよく見ませんか？

衝動性の強い子にとって、思ったことはすぐに言いたくなるものです。

こんなげんきくんのような子がいると、非常に授業は楽しくなります。

しかし、その一方で、指名される前に、自由に発言してよい状態が基本になってくると、学級全体として落ち着かない雰囲気になる場合もあります。

もちろん、指名のない自由発言で授業を進めていく授業スタイルもありますが、挙手指名を取り入れているクラスなら、このあたりの挙手のルールは上手につくっていく必要があります。

そこで、使えるのが「黙って手を挙げた人に聞くね」というフレーズです。

「黙って手を挙げた人に聞くね。これについてあなたはどう思いますか？」

発問の前にこのフレーズをつけることで、衝動的に発言する行動にある程度ストップがかかります。

その結果、黙って手を挙げている子たちが指名されます。

衝動的に発言する前に、こちらが予告をしてあげることで、抑制が効くのです。

ただし、最初の頃は、この言葉があっても発言してしまうこともあるでしょう。

そんなとき、決して叱る必要はありません。

仮にその子が発言をしてしまったとしても、「黙って手を挙げている、みほさん、どうぞ」と他の子を指名すればよいわけです。

すると、げんきくんも気づきます。

（あっ、黙って手を挙げるんだった）

すると、黙って手を挙げて発言するようになっていきます。

黙って手を挙げているそんな瞬間を見逃さず、指名をしてあげたいです。

「黙って手を挙げていて、素敵だね。げんきくん、どうぞ」

このようにして、スルー&ほめ言葉による行動の強化を繰り返していくと、ある程度、衝動的な発言はおさまっていきます。

学級全体として、黙って手を挙げてから発言するというルールが文化になるまでは、粘り強くこの言葉がけをしていきます。

そもそも衝動的に発言をするという行為自体が、げんきくんのような子の授業へのやる気からきているものです。

その点から考えても、決して授業を邪魔しようとしているわけではなく、むしろげんきくんのような子の発言を授業で活かしていけるように教師は言葉がけしていきたいです。

教師の予告的な言葉一つでそれが抑制できるのなら、先手先手で言葉がけをするように私はしています。

多動性のある子——04

◯◯をやったら座ります

多動性のある子にとって、座って授業を受けるという行為自体が、過酷な環境に身を置くことになります。

だから、自然とおしゃべりをしたり、体を揺らしたり、場合によっては、立ち歩いたりしてしまうのです。

「じっとしていなさい」

「座っていなさい」

こうやって座席に押さえつけるような指導ばかりしていると、当然もっと問題行動は増えていきます。

だからこそ、合法的に体を動かせるような言葉がけが必要です。

たとえば、算数の授業冒頭で、

「算数じゃんけん、５人の人と足し算じゃんけんをしたら、座ります」

このように、授業の最初から活動的にスタートするだけで、動きたい衝動を発散させることができます。

脳のホルモンの中にはドーパミンがあります。

これが正しく分泌されると、注意力・集中力が高まり、行動抑制にもつながっていきます。

多動性の強いお子さんにとって、これらのドーパミンが出やすい授業を設計してあげる必要があります。

そこで意識したいのが、平山諭氏が提唱した「ドーパミン５」です。

①運動を取り入れる

②変化をつける

③高得点を与える

④見通しを示す

⑤目的を伝え、挑戦させる

これら５つの活動を授業に取り入れることで、ドーパミンが出やすくなり、集中して活動に取り組めることが増えていきます。

とりわけすぐに取り入れたいのが、①運動を取り入れる、です。

授業の中に、合法的に立ったり、声を出したりする活動を取り入れていきたいです。

「○○をやったら座ります」という指示も、授業中で多様に使うことができます。「教科書を読んだら座ります」「隣の人と話したら座ります」「ノートを出したら座ります」「先生にノートを見せたら座ります」「３人の人に説明したら座ります」のように、立ち歩くことを前提にして、授業を組み立てることで、座っている時間を減らすことができます。


それでも、やっぱり落ち着かず、離席してしまうような子もいるかもしれません。

そんなときにも、このフレーズは応用できます。

「教室、ぐるっと一周したら座ります」

すると、楽しそうに一周したら、笑顔で授業に参加する子もいます。

「座りなさい！」「どうして立っているの？」などと、わざわざ教師からＶＳ構造をつくりにいく必要はありません。多動性のある子の多くが、無意識に離席をしてしまっている場合も多いからです。

肯定的かつ、活動的な行動を促して、自然と座らせてあげたいです。

不安傾向の強い子——05

（今日の予定は……）どれが一番不安かな？

見通しが立たないことで不安になる子は教室にも何人かいます。

だからこそ、朝、予定を確認してあげることは、多くの子にとって有効な支援の手立てです。

ただ、全体で予定を確認しただけでは、その子の不安が取り除けない場合もあります。

そんな不安傾向がさらに強い子を担任した際には、毎朝、個別で「不安ランキング」をつけてあげるとよいです。

不安傾向の強いさくらさんの場合、

「今日の予定は、一時間目は国語で、おおきなかぶの音読をやるよ。二時間目は……」

このように個別で何をやるかを伝えた上で、

「さくらさん、今日の勉強の中で、どれが一番不安かな？」

（体育のなわとびで跳べるかが心配……）

そうやって、不安の理由を教師と子どもで共有します。

これを共有しておくだけで、支援も手厚くできます。

たとえば、くわしくその予定を話してあげたり、いつもよりこまめに授業中に声をかけてあげたりもできます。

グループ活動があるなら、事前に誰とペアを組めばよいか決めておくこともできるでしょう。

また、活動中、不安になったときは、どのようにそれを避けたり、困ったときに助けを呼んだりするかも決めておくとよいでしょう。

不安な気持ちを抑えて無理やり活動することが、本人にとって苦しい授業参加になる可能性もあるからです。

不安に対しての準備を子どもたちとしていくというのがまずは大切です。

次に必要になることが、不安とどう向き合うかです。

どれだけ見通しを立てたとしても、不安なものは不安です。そして、不安になったときに、そのままパニックなどの症状になる子も一定数います。

だからこそ、心のコップから不安が溢れる前に、教師から適切に言葉をかけていきたいです。

その際に大切なことが「受容・共感・傾聴」の３つのカウンセリングマインドで接する

ことです。

「不安だよね。大丈夫だよ」

「よくがんばったね。教えてくれてありがとう」

「どうする？　何か先生にできることあるかな？」

そのような形で、まずは寄り添ってあげます。

先ほどの３つのカウンセリングマインドの中で、気をつけて使いたいのが「共感」です。「先生も気持ちわかるよ」などと安易に、共感を示そうとすると、「お前に何がわかるんだ！」と余計に不安が強まったり、攻撃的な言葉が出たりする子もいます。

共感することは大切ですが、共感をいつ言葉として出すかは慎重にしたいです。

まずは、受容と傾聴をしっかりと意識することをおすすめします。

パニックになりやすい子――06

昨日、先生の子どもが……

（あいつ、ぶっ殺してやる!!）

怒り狂うしんじさん。

「暴力じゃ何も解決しないよ。落ち着きなさい」

（うるせー!!）

さらに怒りが増していきました。

このようなパニック、とりわけ怒りで我を忘れている状態では、言葉を届けようとしても基本的に届きません。

私も昔は、よく子どもの怒りに対して正論をぶつけて、火に油を注いでしまったことがありました。

怒りでパニックになっているときの対応の原則は、言語で対応しないことです。

言葉の情報が刺激になって、余計に怒りが増幅していきます。

まずは、クールダウンできる場所に、とにかく誘導していきます。

ただし、誘導をしようとしても、本人が動きにくい状況なら、周囲にいる人などをまずは遠ざける方が簡単です。

とにかく刺激を極力減らしていく。言葉、人、モノ、あらゆる刺激を減らして、クールダウンを促していきます。

さて、少し落ち着きが見えてきた段階で、次のステップとして、怒りの理由を傾聴してあげるパターンももちろんあります。

しかし、子どもの中には、すぐに怒りが再燃しやすい子もいたりします。

そんなときには、まったく関係のない話をしたりします。

「昨日、先生の子どもが喧嘩してさ。どっちがテレビ見るかで家中のものを投げて大変だったんだよ。それで、先生がどうしたかと言うとね……」

独り言のように、自分の家族の話などをすると、ふと目の色が変わる瞬間があります。

(先生、それでどうしたの？)

しんじさんが、話に興味をもってきたら、あとは普通に会話を楽しんでいきます。時より冗談も言いながら話せたら、なおよいかもしれません。

こうやって、怒りの感情から、一度視点をずらしてあげることを私はよくします。

自分の感情と向き合うには、しっかりとしたクールダウンが必要です。

そして、クールダウンに必要な時間は一人ひとりちがいますし、アイドリングが必要な子もいます。

そんなときは、まったくちがう話をしてあげることで、心を整えるお手伝いをしてあげるとよいです。

パニックになりやすい子が落ち着いたかどうかは、目と言葉づかいで判断します。

穏やかな目、穏やかな口調になってきたと判断したら、

「少し落ち着いたかな？　よく自分でクールダウンできたね。素晴らしいよ。それで、さっきの話を聞いていいかな？」

そうやって、子どもがクールダウンできたことを認めてから、話を聞いていきます。

このようなパニックになった場合は、クールダウンのスペースを用意したり、代替行動を教えたりして、自分で落ち着けるようにしていくことが理想です。

ですが、そこに至るまでには時間もかかるため、その補助輪に教師がなってあげる必要があります。

イライラしやすい子――07

イライラしたときの作戦を立てようか

前述のパニックまではいかなくても、イライラしやすい子はいるものです。

そんな子に落ち着けと言っても、落ち着けるわけではありません。

大切なことは、落ち着くための作戦を一緒に考えることです。

これは、イライラしているときではなく、イライラしていないときに時間をとって、考えたいです。

「ゆうじさん、授業中、勉強がわからなくてイライラしちゃうときってあるよね」

（うん、ある）

「いつも、すごく我慢しようとがんばっているなぁと先生は思っているよ。ただ、イライラがそれでも抑えられないときってあるよね。だから、ゆうじさんと一緒に、イライラしたときの作戦を立ててみたいなぁと思っているんだれど、どうかな？」

（やってみたい）

「イライラしたときに、上手にイライラと仲良くする方法がいくつかあるんだけれど、知っているかな？　先生、いくつか調べてきたから、見てもらってもいい？」

そんな風にして、アンガーコントロールのサイトを見せて、一緒に考えるようにしています。

私がおすすめするのは、徳島県チャンネルにあるアンガーマネジメントについて学ぶことができる動画です。怒りがなぜ起きるのか、怒りが生まれたときにどうすればよいか、わかりやすくイラスト付きで解説されています。

また、怒りについて考える手立てとして、『かいじゅうポポリはこうやって　いかりをのりきった』という本も、低学年におすすめです。怒りの感情との付き合い方を絵本のかいじゅうと一緒に学ぶことができます。

このような準備をした上で、教師はゆうじさんがイライラの感情をコントロールするサポートを、授業中にしていく必要があります。

そんな感情コントロールに使えるツールが「気持ちの温度計」です。

熊本市教育センターのサイトにあるもので、これを見せながら、今、自分がどれくらいの感情になっているかメタ認知したり、クールダウン終了後のふりかえりの際に使うツールとしてもおすすめです。

怒りをなくすのではなく、怒りと上手に付き合っていく。そのような考えを少しずつ伝えていきたいです。

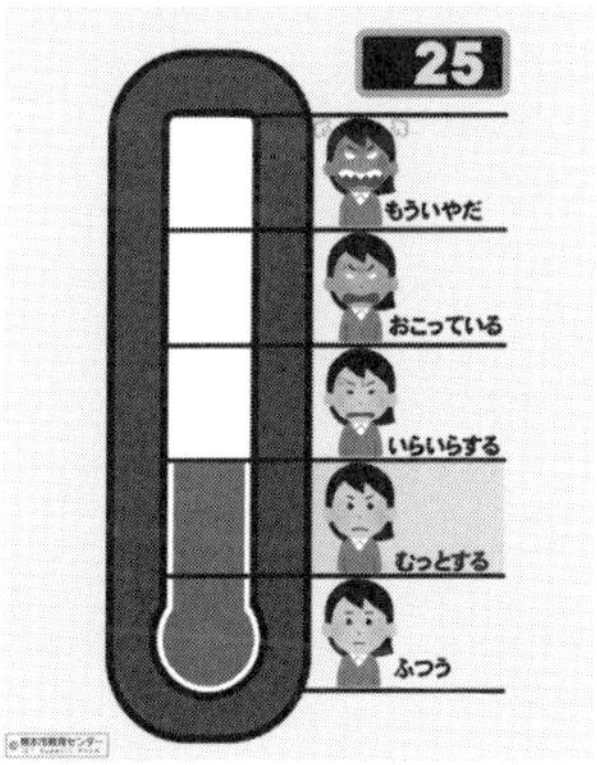

〈気持ちの温度計〉　〈徳島県チャンネル〉

勝ち負けにこだわる子——08

負けるかもしれないけれど、どうする？

「給食のおかわりじゃんけんするよ。じゃんけんぽん」

次の瞬間、箸を投げて不貞腐れるゆうすけさん。

じゃんけんで負けてしまい、飲みたかった牛乳のおかわりができず、気持ちがおさまらないようです。

このように、勝ち負けに極度にこだわる子が一定数います。

負けを受け入れるというのは、ゆうすけさんにとってハードルが高いことなのです。


では、ゆうすけさんのような負けを受け入れられない子を担任したときに、大切にしたいフレーズにはどのようなものがあるでしょうか？

私が必ず伝えることは、

「負けるかもしれないけれど、どうする？」

というフレーズです。

つまり、その子に負ける可能性が高いということを必ず予告するようにしています。

なぜなら、勝ち負けにこだわる子にとって、じゃんけんでは、自分が勝つという未来しか見えていないからです。

だからこそ、一言、負けの可能性を伝えるだけで、怒りをコントロールできる場面が多いです。

「負けるの嫌だから、やっぱりおかわりやめておく」

そんなふうに、自分の心と上手に付き合う選択を取る子もいます。

そのような選択が取れたとしたら、そのことを価値づけたいです。

「その判断もナイスだと思うよ」

「みんなに譲ってくれて、ありがとう」

そのような自分の特性と付き合う手段を、一つずつ身につけさせていきたいです。


その一方で、負けることがわかっていても、じゃんけんをする子もいます。

いくら予告しても。どうしてもじゃんけんで勝ちたいのです。

だからこそ、正論で対応するよりも、まずは受容や共感してあげたいです。

「勝って、おかわりしたかったんだよね」

「その気持ちわかるよ」

このようにまずは、気持ちを受け止めてあげたいです。

それに加えて、おかわりの順番にちょっとひと工夫をしておきます。

たとえば、じゃんけんで負けた人は、次はお汁をおかわりできると伝えておきます。

事前にそれがわかっていると、負けた気持ちを抑えて、別のもので小さな満足を得ることができます。

この小さな我慢と満足の場面を、教師が意図的に組み立ててあげることが大切です。

勝ち負けの場面は、学校で生活する以上、避けては通れません。

だからこそ、勝ち負けの場面をなくすのではなく、積極的にまずは体験していく必要があります。

日常生活の中で、小さな勝ち負け（じゃんけん、百人一首などの学習カルタ）を積極的に体験しながら、「負けへの耐性」をつけていきたいです。

謝るのが苦手な子──09

ちょっとだけ
○○しちゃった?

（まさしが、ぼくのことたたいてきました）

（やってないよ！　そんなこと！）

まさしさんは、自分がやったことをまったく認めません。

話し合いは平行線。

こんなケースは学校現場ではよくあるものです。

自分がやったことを認めることがなかなかできない子が教室にはいます。

そのような子は、謝ることも当然できません。

まずは、まさしさんのような子の心をほぐす言葉が必要になります。

その一つが「ちょっと」という言葉です。

「ちょっとだけ、たたいちゃったかな？」

（うん。ちょっと……）

これだけで、正直に自分がやったことを認められる子がかなりいます。

子どもはトラブルがあると、自分が１００％悪いと言われる、そんなふうに思ってしまうものです。

しかし、多くのトラブルがお互いに悪い部分があって、１００対0ということはないのです。

だからこそ、子どもの気持ちに寄り添う言葉として、「ちょっと」という言葉が有効になります。

これにより、自分の悪い部分を認められたら、大いにほめてあげたいです。

「正直に、よくなかったところを認められたね。かっこいいよ」

そんなふうにして、自分の弱さと向き合う行動を教えていきます。

「自分がやってしまった分だけ、謝ってごらん」

そうやって、自分の悪かった部分に限定して、謝る機会をつくるのも一つの手です。

さて、私の経験上、「ちょっと理論」を使えば、多くのトラブルが解決できますが、それでも謝るのが苦手な子がいます。

自分のやったことは認められても、謝るという行為ができない子です。

そんなときは、次のような言葉を使うことがあります。

「自分から謝る？　それとも、先に謝ってもらう？」

この言葉をかけると、謝るということは確定して、あとは、先か後かを決めるだけになります。

これにより、すんなり謝ることができる場合があります。

また、相手に先に謝ってもらうことで、すんなり謝罪の言葉が出やすい子もいます。

しかし、それでも、謝ることができない子もいます。

ここまでくると、すぐにその子の特性を変えることは難しいです。

ですから、次のような手を取るときがあります。

「謝りたい気持ちはあるかな？　先生がその気持ちを代わりに伝えていいですか？」

教師が代わりに「ごめんね」の伝言役になってあげるのです。

大切なことは、謝るという行為ではなく、ごめんなさいの気持ちが相手に届くかどうかだからです。

「まさしさんが、たたいてしまってよくなかったと思っているんだって。ごめんね。今日は、先生が代わりに伝えるね」

また、直接的に伝えることができなくても、手紙なら書けるといった子もいるので、そのようなときは、手紙でよいので、書いてそれを代わりに渡してあげることもあります。

おしゃべりが多い子——10

シー おしゃべりしたい人？

「ゆうきさん、静かにしなさい」

（はーい）

1分後。

「だから、ゆうきさん、授業中は勝手にしゃべりません」

（はーい）

こんな光景、教室ではよくあるものです。

授業中、授業に関するおしゃべりならよいかもしれませんが、ついつい関係ないことまでおしゃべりしてしまう子がいます。

理想は、授業自体が対話的かつ活動的で、ゆうきさん自体が合法的におしゃべりできたり、熱中できたりするのが望ましいです。

そうは言っても、そのような授業がすぐにできるわけではありませんから、何かしら対応する必要は出てきます。

だからこそ、「静かにしなさい」を言わずに対応する方法を、教師はいくつかもっておきたいです。

①ジェスチャー対応

「シー」

無声音で指を口の前に立てる、これだけで、「静かにしなさい」と言うより、かなり優しい対応になります。

口をチャックするような動きでも、伝わるかもしれません。

言語に頼りすぎないで、視覚的に気づかせていく、低刺激の対応です。

②感謝対応

「ゆうきさん……聞いてくれてありがとう」

名前を呼んでから、間を少し空けることで、緊張が生まれます。

そのあと、注意をするのではなく、聞いてくれたことに感謝するのも温かい対応です。

③ユーモアを交えた対応

「今、おしゃべりしたい人？」

（シーン）

「誰もいないんだ。よかったぁ」

これは、教師との信頼関係ができているから成立する言葉がけですね。

あえて、おしゃべりを許可する問いかけをすることで、ハッと気づかせる手法です。

ただし、問いかけをした後に、説教モードには決してならないことを誓った上で、やった方がよいです。

④合言葉対応

「心のコップは？」

（上向きに）

「話を聞く」という合言葉を教えておくのも一つの手です。

心のコップが上向きになっていないと、どれだけ意味がある話をしたとしても、コップに水（情報）は入ってきません。

だから、心のコップは上向きにしておく必要があるということをクラスに語っておくことで、聞く姿勢をつくるときの合言葉になっていきます。

手を出してしまう子——11

・手が出るくらい腹が立ったんだね

・○○さんならわかっていると思うけれど……

瞬間的に手が出てしまう子に対してのＮＧ対応は様々あります。

- **厳しく叱る**
- **罰を与える**
- **叩かれた相手の気持ちばかり考えさせる**
- **二度としないように約束させる**
- **保護者に厳しく指導してもらう**

このような対応は、原則うまくいかないことが多いです。

だからと言って、そのまま手を出すのを見守るわけにもいきませんから、教師が目の前にいる場合は、とりあえず止めに入ります。

「どうした？」

穏やかな表情で、怒りをぶつけようとしている相手の間に入ってあげるとよいでしょう。

ここで大きな声を出して、止めようとするとよけいに刺激になります。

低刺激で対応しつつ、怒りの対象となる子から離れるように移動します。

場合によっては、怒りの対象となる子を動かす方が早い場合は、できるだけ早く相手を視界から遠ざけます。

次に、怒りの理由を受け止めることから対応はスタートします。

「手が出るくらい腹が立ったんだね。何があったの？」

そうやって、手を出した子の気持ちにまずは寄り添います。

これがないと指導は入りません。


その上で、手を出さずにどうすればよかったかを考えていきます。

その際、決して言ってはいけない言葉があります。

「でもね……」

せっかく怒りを受容したのに、そこでそれを否定しては、また再燃してしまいます。

そのようなときは、「だから」という接続詞を使って言葉をかけます。

「だから、怒ったんだね」

そうやって、再度受容してあげるのがよいです。さらに、続けて、

「もう、たかしさんならわかっていると思うけれど、このあとどうするといいかな？」

この「わかっていると思うけれど……」というフレーズは、その子を認めている言葉が

けになります。

結果的に、謝罪や自分の非を認める言動へとつながっていくことが多いです。

また、手を出すなどの暴力行為をしないための予防的な言葉がけも大切です。

「叩きそうになったら、『先生助けて』って言いに来るんだよ」

そのような「援助要求スキル」を子どもたちに教えてあげたいです。

これができずに、自分で解決しようとして暴力を選択してしまう子がかなりいます。

まずは、先生を頼るところから教えていきます。

また、それでも暴力行為が続く場合は、教師の体験談などをベースに、暴力行為をすると大人の世界ではどうなってしまうのかは、教えてあげるべきです。

「先生の知り合いの子どもが怒って友だちを押しちゃったんだ。そのとき、たまたま当たりどころが悪くて大怪我させちゃって、相手のご両親も怒って、大きな問題になったんだよね。押さずに自分の気持ちを伝えていたら、こんなことにはならなかったのにね」

このように、自分以外のエピソードで、暴力行為のマイナス面に気づける時間を設定してあげることも大切です（トラブル時ではない場面に話すとよい）。

お勉強が苦手な子――12

何問コースにしますか？

作業がとってもゆっくりなさやかさん。

授業が進めば進むほど、授業に遅れていき、授業が終わっても、ノートに問題を解いています。

一生懸命やってはいますが、浮かない表情で問題を解き続けています。

こんなふうに、学習面でどうしても遅れがちな子がクラスにはいます。

そんな子への対応で効果的なのは、学習量の軽減です。

たとえば、練習問題が8問あるなら、

「この問題は8問あるけれど、全部解くのは大変だから、少し問題数を減らしてみようか。何問コースにしますか？　2問コース？　それとも4問コース？」

そう言って、問題数を減らしてあげるだけで、負担感が減ります。

教科書の問題は、比較的多めにつくられています。

だからこそ、そのページでポイントとなる問題を扱うようにするだけで、集中力ももちやすいです。

問題以外にノート作業についても、作業量を減らすことができます。

板書で写す量が多いときは、

「全部を写すのは大変だから、まとめの部分だけ写すのはどうかな？」

そのように子ども自身に作業量の軽減を促す問いかけをすることもあります。

さらに場合によっては、タブレットで写真を撮影したり、手書きではなく、タイピングで記録を取ることもよいかもしれません。

多様な選択肢を用意し、その子にあった作業量や作業ツールを使うことで、本質的に学ばせたいことだけに焦点を当てて指導ができます。

このような書くことが苦手な子の中には、読むことに課題がある子もいます。

たとえば、音読をしても、途切れ途切れで読んでしまったり、声に出して音読はできていても、意味の理解が難しかったりする子です。

このように、全体的な発達の遅れはありませんが、読み書きに限定して困難がある子を「ディスレクシア」と呼びます。

ディスレクシアの子どもは、10％程度学級にいると言われており、理解力はあるため、気づかれにくい特徴があります。

このような子がクラスにいる場合は、本人の様子を見ながら次のような言葉をかけることがあります。

「テストの問題を読んだだけではわからないときは、先生が読んであげるから教えてね」

そのように、音声で問題文を読んであげる支援をします。

これについては、保護者にも許可を取る方がよいです。

最近では、読み上げ機能のついているテストなども出てきているため、家庭とも相談した上で、そのようなテストを採用していく方法もあります。

また、普段の授業では、いきなり音読などをさせるのではなく、教師が範読をしてあげることや、クラスみんなで読む場面を多くして、配慮することが大切です。

この他にも、漢字を覚えることや数字を覚えることが、特別に苦手な子がいたりします。

一人ひとりに応じて、抱えている困難さがちがうからこそ、ただ努力を押しつけるのではなく、その子の得意で苦手を補ったり、デジタルツールなどを活用したりしながら、支援をしていけるとよいです。

色々ものを触ってしまう子——13

・先生じゃなくて、校長先生がダメだって言っているんだ
・これなら触っていいよ

ついつい身の回りにあるものや学校の備品などを触ってしまうけんじさん。

「けんじさん、触っちゃダメって言ったでしょ！」

そんなふうに叱られることがあっても、簡単にはやめることはできないものです。

こういうときは、先生VS子どもの構造になりやすいので、後味が悪い指導にもなりがちです。

そんなときは第三者を擁立します。

「このタブレットの保管庫開けてみたいよねぇ。でもね、けんじさん。先生じゃなくて、校長先生から、この保管庫は先生以外は開けちゃダメって言われているんだぁ。だから、また今度使うときに開けようね」

このような形で、校長先生に登場してもらい、行動をストップさせます。

子どもたちにとって、校長先生は権威性があり、憧れの存在です。

そんな校長先生の言葉は大きく子どもたちに影響するものです。

結果的に、けんじさんは、行動をやめることができました。

ただ、単純に禁止をするのではなく、趣意説明に校長先生という存在を登場させることで、より納得感が生み出されます。

さて、そうは言っても、学級の中には、何かを触っていないと落ち着かない子が一定数います。

消しゴム、自分の爪、髪の毛、上履きなど、このような何かを触ることで落ち着く子はいるものです。

落ち着くだけならよいのですが、結果的に音が出てしまったり、本人の学習の妨げになったりする場合もあります。

そこで、子どもたちに代替となるツールをいくつか提示したいです。

それが「センサリーツール」と呼ばれるものです。

センサリーツールとは、子どもの感覚刺激に働きかけ、その子のセンサリーニーズ（感覚刺激欲求）に応えることで、様々な行動調整を行うための感覚刺激教具です。

たとえば、「にぎモン」というものがあります。

子どもがそわそわしたり落ち着かなくなったりしたときに、「にぎモン」（左の二次元コード）を触ることで手や指先からのセンサリーニーズ（感覚刺激欲求）に応えることができます。それにより落ち着いたり、集中力を持続させたりする効果が期待できます。

何かを触らないと落ち着かない子に対して、

「けんじさん、これなら触っていいよ」

そう言って、代替行動として提示することが可能です。

このようなセンサリーツールも色々なものがあります。

そのため、複数用意してあげて、その子にあったものを見つける体験の時間をとってあげるのも有効です。

自分の感覚というものをメタ認知して、より学習に集中できる環境設定の一つとして、もっともっと学校現場で取り入れていきたいです。

センサリーツール
にぎモン

人との距離感がつかめない子――14

手を伸ばしてごらん

（あのね、昨日、家族でお寿司食べに行ったんだよ。それでね……）

楽しそうに話しているさつきさん。

しかし、その話しかけている距離は、友だちの体にベッタリ触りそうなくらいの距離です。

明らかに距離が近すぎて、相手の子も苦笑いをしている様子。


こんなふうに友だちとの距離感をつかめない子が教室にはいます。

この原因は、パーソナルスペースをつかめていないことです。

パーソナルスペースとは、個人の身体からある一定の空間で、他人に侵入されると不快に思う領域のことを言います。

通常、45㎝より近づくと、密接距離といって、不快に感じる場合が出てきますが、パーソナルスペースがわからない子は、この距離感がわからず、相手に近づいて話をしてしまい、相手を嫌な気持ちにさせてしまいます。

また、このようなパーソナルスペースが近い子の多くが、相手が嫌な気持ちになっていることにも気づきにくい特徴も併せもっています。

そこで、パーソナルスペースを教えるために、次のような言葉を伝えます。

「手を伸ばしてごらん。その距離より近づくと、相手は嫌だなぁと思うんだよ。これをパーソナルスペースと言うんだ」

こうやって、動作とセットにして、適度な距離を教えていきます。

もちろん、これだけでは、すぐに身につくわけではないので、繰り返し変化をつけて教えていきます。

「前ならえしてごらん」

「机一個分は前の人とあけるよ」

このような言葉がイメージしやすいです。

また、言葉だけではイメージしづらい子には、写真を撮ってあげたり、イラストを提示したりして、適切な距離かどうかを客観的に見えるようにしてあげるのも有効です。

「さつきさん、この写真見てごらん。近づいている子は嬉しそうだね。でも、相手の子はどんな気持ちかな？」

（なんか嫌そうな顔している）

「どうしてかな？」

（ちょっと近すぎるかも）

このように、自分がやっていた行為の写真や他者のイラストを用いて気づかせるのも、パーソナルスペースを教える上で効果的です。

また、普段、さつきさんと教師が関わる際に、たとえばハイタッチしたりすると、ハイタッチがしやすい距離がちょうど相手にとって気持ちよい距離だと教えることもできます。その際、ただハイタッチできたことを認めるのではなく、その行為の価値づけとして、教師の気持ちを伝えてあげると効果的です。

「さつきさんが、ちょうどよい距離でハイタッチしてくれて、先生嬉しいなぁ」

そんなふうにして、行為と感情をセットで届けることで、パーソナルスペースを意識するよさを伝えることにもなります。

ハイタッチ以外にも、グータッチ、握手など、手を使って適度な距離をつくる練習は、自然なコミュニケーションの中でできるソーシャルスキルトレーニングになるのでおすすめです。

相手の気持ちを想像するのが苦手な子——15

・○○さん悲しい顔しているよ
・先生、悲しいなぁ
・今、どの気持ち？

「たけるさんやめて！」

そんな言葉はお構いなしに水やりのじょうろで水を撒き散らす、たけるさん。

とうとう近くにいた子は泣いてしまいました。

相手が泣いているのに、どこかニコニコした表情のたけるさん。

あとで話を聞いてみると、

「みんなも楽しそうだと思ったから、水をまいたの」

そう話してくれました。


自閉傾向のある子どもの中には、自分が楽しいと思ったら、相手も楽しいと思う子がいます。

相手の気持ちや表情の変化を読み取るのが苦手で、結果的に相手を悲しませてしまうこともよくあることです。

このような相手の気持ちを想像するのが苦手な子には、気持ちを言語化して伝えることが大切です。

「たけるさん、たかしさんも悲しい顔しているよ。やめられるかな？」

このように、ただ行動を止めるのではなく、気持ちとセットで伝えることを意識したいです。

また、教師のＩメッセージで伝えるのも有効です。

「そうやって水をかけられるの、先生は悲しいなぁ」

自分の感じていることを言葉にするので、強引な否定にならず、自分で行動を変えることも多いです。

そこをすかさず認めていくことで、相手の気持ちを考える力が身についていきます。

これとセットにしてやっていきたいのが、相手の表情を読み取るトレーニングです。

様々な表情の描かれたイラストを提示して、

「今、どの気持ち？」

と、表情をイラストから読み取っていきます。

また、相手の気持ちを読み取るのが苦手な子は、多くの場合、自分の気持ちを伝えるのも苦手です。

言葉で伝えるとともに、自分の気持ちを表情で自然と伝えることも大切な力です。

そこでおすすめなのが、「ぷりんときっず」（左の二次元コード）の表情から気持ちを読み取る学習教材です。

自分自身の気持ちを表現する練習として、個別でももちろん、学級全体でできるソーシャルスキルトレーニングになります。一度で終わりにするのではなく、何度か継続していくことで、相手の気持ちについて少しずつ知りたい気持ちも高まっていきます。

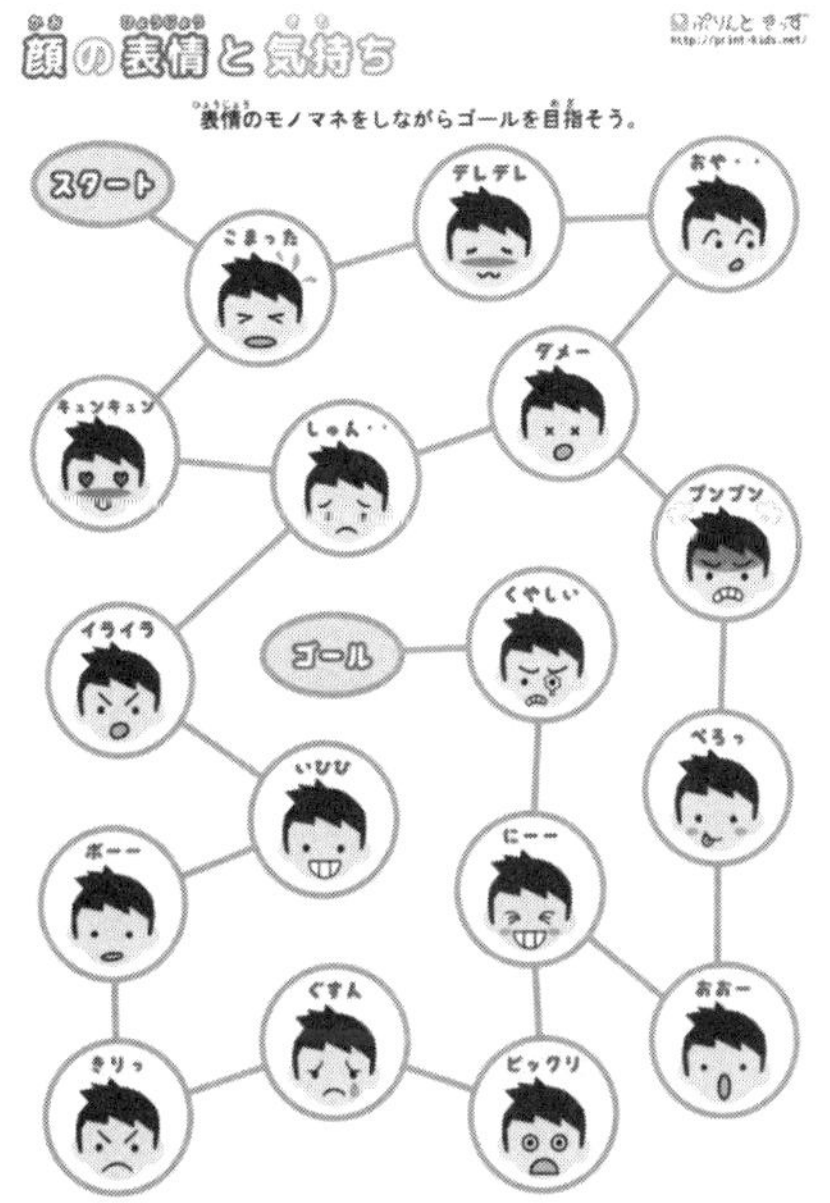

否定的な言葉をすぐに言う子——16

・思うのは自由、口に出すのは自由じゃない
・めんどくさいね。でも？

（えーめんどくさい！）

教室中に、一際大きな声が響き渡る。

ゆうなさんが思わず、算数の練習問題の量の多さを聞いて、大きな声で呟いてしまったのでした。

独り言のつもりかもしれませんが、教室のやる気の温度が、ガクンと下がっていくのを担任の先生は感じたのでした。


このような場面で、教師はどのような指導をするのか試されています。

それは、その子の行動を変えていくという側面と同時に、他の子どもたちへの見えないメッセージになるからです。

一歩間違えば、この対応からゆうなさんとの関係性が崩れたり、ゆうなさん以外の子からの信用がなくなったりする場合だってあります。

まず前提として、気持ちは理解しても、この行動を許してはいけないということです。

そのため、このような行動が起きる前に、クラスの子どもたちに前提を伝えておきます。

「教室で過ごしていると、嫌だな、面倒だなぁ、そんなふうに思う勉強ってあるかな？」

（たくさんある！）

「きっとあるよね。そうやって面倒に思う気持ちすごくよくわかるよ」

「でもね、それを思うのは自由だけれど、口に出すのは自由じゃないよ。なぜなら、あなたがやりたくないと思っても、他の人はがんばろうとか、楽しみだなって思っているかもしれないよ。そんな他の人のやる気の炎を消しちゃうようなことは言わない方が、先生はかっこいい大人だなぁと思うよ」

そんな話を、タイミングを見てクラス全員に伝えます。

「思うのは自由、口に出すのは自由じゃない」

これが一つの共通フレーズになっていると、その後の指導は入りやすいものです。


さて、そうは言っても、ついつい思ったことを口にしてしまうのが、子どもです。

とりわけ衝動性の強い子ほど、その場で思ったことを口にします。

決して悪意がなくても言ってしまうのですから、これは簡単ではありません。

そんなときは、共感と問いかけです。

「めんどくさいよね。でも？」（ニコニコしながら問いかける）

（やる！）

「さっすが、ゆうなさん、大人。かっこいい！」

などとちょっぴりユーモアを入れて対応するのも一つの方法です。

もちろん、これはある程度の信頼関係ができていないと、通用しないかもしれません。

ですが、何でもかんでも叱るような対応をすることはＮＧです。

相手の気持ちを受け止めてあげる。

なぜなら、多くの子どもたちは、正しい行動が何かはわかっているからです。

また、その証拠にマイナス発言をしたとしても、がんばろうとする子の方が多いです。

マイナス発言をスルーした上で、

「さっき、算数の練習問題やるのめんどくさいって思った人いる？」

（何人も手が挙がる）

「それでもがんばれる君たちって、本当にかっこいいね。しかも、それをめんどくさいとか口に出さずにやっている人って、本当に大人だね。子どもの頃の先生に見せてあげたいよ」

そのようにスルーから後で価値づけというパターンで行動を強化するのも有効です。

集中力があまりない子――17

・姿勢で教えて
・先生の声が聞こえる人？
・大切な話を一つだけするね

朝の会、遠くの方をぼーっと眺めているたろうさん。

「たろうさん、今、話聞いてたかな？」

（えっ……聞いてませんでした）

そんな場面はどんな教室でもあるものです。


集中力があまりない子にとって、まずやってあげたいことは「環境調整」です。

座席の配置を教室で集中しやすい場所に移動したり、刺激物となるものを近くに置かなかったり、そのような環境調整である程度改善できる部分もあります。

ですが、それでも、集中力自体が向上するわけではありませんから、教師による支援が必要になるものです。

たとえば、教師の話を全体で聞く場面で、

「姿勢で教えて」

この一言で、聴く姿勢をつくることが合言葉になっています。

これで、大多数の子は姿勢がよくなりますし、そのできている子たちを認めることで、聴く姿勢へ変化します。

すかさず、子どもたちを認めていきます。

「りなさん、よい姿勢だね」

「あきらくんの姿勢を見ていると、すごく話をしたくなったよ。ありがとう」

こうやって、よい行動を価値づけます。

しかし、これだけでは、変わらない子も一定数います。

そこで、聞けているのかを確認します。

「先生の声が聞こえる人？」

そうやって、手を挙げさせてみると、実際に手が挙がらない子もいます。

この確認で気づく子もいるでしょう。

これで、ようやく話をする構えができました。

しかし、ここから教師の長い話になっては、意味がありません。

そこで、限定する言葉を投げかけます。

「大切な話を一つだけするね」

こうやって、話を一つと絞ってあげることで、これだけ聞けば終わるというゴールが明確になります。

また、限定してあげる方法はいくつか応用もできます。

「今から、3分だけお話します」

「5分だけ、集中。終わったら休み時間」

「あと3問だけやったら終わりにします」

このように、活動に対して、限定する言葉や数字を伝えることで、集中力がグンと高まる子がいます。

集中力があまりない子に対して、ずっと集中させなければいけないと思うと、教師もつらくなります。

当然、子どもたちはもっと苦しいものです。

だからこそ、近いゴールを示すことで、集中力を高めるアプローチが効果的です。

また、言葉だけでなく、たろうさんのような子の近くに立ち位置を移動してあげることも、見えない支援になります。

教師が近づくことで生まれる緊張感が、その子の集中力を高めます。

反抗的な行動をする子——18

無理はせず、やめとく？

「今から、算数の練習問題をやります」

（やだ！　やりたくない）

「じゃあ、計算スキルだけやろうか？」

（それもやだ！）

何を言っても、天邪鬼に反抗をしてしまうつよしさん。

提案すればするほど、やりたくない気持ちが高まっていくようです。


そんな反抗的な言動をしてしまう子に有効な対応が、「ダチョウ倶楽部対応」です。

ダチョウ倶楽部さんのネタで、「押すなよ、押すなよ」と言われつつも、熱湯の入ったお風呂に押してしまうというネタがあります。

その応用で、練習問題をやる前から、やらない選択肢を伝えます。

「つよしさん、今日かなり授業がんばったから、練習問題は無理せず、やめとく？」

そんなふうに、やめるという選択肢をむしろ提示します。

すると、

（いや、大丈夫、全部やる！）

このように、むしろ反対の行動をしようとする場合があります。

結果的に、こちらの想定以上に最後までがんばるパターンがあります。

人はやらされるという状態を嫌うものです。

自分の意志でやることを決めたいからこそ、止められるとむしろ頑張りたくなる、そんな気持ちを活かした対応になります。


ただし、この対応にはいくつか注意点があります。

一つ目として、本当に無理させたくない場面なら、無理しない選択肢を選ばせたいです。

たとえば、問題数が多すぎて、取り組むと怒ってしまうことが想定される場合や、その子にとって合わない課題設定の場合は、マイナスに働くフレーズにもなります。

二つ目として、楽な選択をすぐにしがちな子にも有効ではありません。

教師が「やめとく？」と提案したら、これはラッキーと思ってやめてしまうでしょう。

だからこそ、反抗的な面はありつつも、がんばりたいと意志がその子に見られたり、それまでの様子でがんばっている様子が見られたりしたときに、先手で使うと効果的なフレーズになります。

また、反抗的な態度に対して、事後の対応についても触れておきます。

反抗的な態度がその場で起きている場合、原則言葉で対応しない方がうまくいきます。

これは、前述の否定的な言葉を言ってしまう子と同じですが、反抗的な態度をとるというのは、実はやらなければならないとわかっている証拠だからです。

つまり、その子の反抗したい気持ちの根源に寄り添う対応が大切です。

一つ目の方法は、対応しないでスルーすることで、結果的に、本人ががんばり始めたタイミングで低刺激で価値づけてあげる方法があります。

二つ目の方法は、共感だけしてあげるということです。気持ちをわかってもらえただけで落ち着くことがあります。

大切なことは、反抗的な言動自体に目を向けるのではなく、教師自身がその言葉を翻訳して理解しようとすることです。

「やだ！」→（疲れたから問題を減らしてほしい）

翻訳ができれば、その後に出てくる言葉もまた、温かな言葉になっていきます。

整理整頓が苦手な子――19

・これと同じようにしてごらん
・途中まで一緒にやろうか

「早く片付けて!!」

「何でいつも散らかってるの!!」

そんなふうに叱られがちなかずきさん。

わかっているけれど、教室の引き出しの中はいつもぐちゃぐちゃ。

気づくと机の下には、自分のものが落ちたまま。

そんな状況のため、使おうと思ったときに道具がなく、また先生に叱られる悪循環。

（どうして、僕は片付けられないのだろう……）

そんなことを思っている子が教室にはいます。

かずきさんは、空間を把握して、どこに何を置くのか整理整頓するのが苦手な子なのです。

このような子を見たときに、叱っても意味がありません。

なぜならこの子にとって、整理整頓した状態が頭の中でイメージできていないからです。

そのようなときは、引き出しの整理整頓した写真を提示して、

「これと同じようにしてごらん」

そのような言葉がけをするだけで、視覚化されて片付けがしやすくなります。

これをモデリングと言います。

口で「整理整頓しろ」と言われても、どのような状態が整理整頓された状態なのか、イメージできないから苦しんでいるのです。

モデルを示すことで、イメージがもてるようになり、片付けに取り組もうと思えます。


さて、この指示だけでできる子もいますが、そんな簡単ではない子もいます。

そんなときは、

「途中まで一緒にやろうか」

そうやって一緒にやってあげることが大切です。

これを専門用語でプロンプトと言います。

プロンプトとは、「人の行動を促す刺激」を言います。

簡単に言うと、正しい行動を生じさせるための手がかり、ヒント、手助けといったものです。

自分だけで片付けるというのはハードルが高く、最初からできそうにないと思ってしまい、気持ちがのらない子が一定数います。

そのハードルを下げるのが、一緒にやってあげることです。

教師が一緒にやることで、整理整頓ができそうだ、整理整頓は気持ちがよいことだという意識が生まれやすいです。

結果的に、その途中で、子どもたちだけで任せていけばよいと思います。

最初は、手取り足取り丁寧にやっていたことを、徐々に口頭での指示のみにしていきます。

「まずはどこから片付けようか？」

「次はどこに置くといいかな？」

このように問いかける形へと支援を減らしていきます。

この支援を減らしていく行為をフェイディングと言います。

このフェイディングをしていかないと、いつまでも大人が手伝い続けることになり、本当の意味で整理整頓ができるようにはなりません。

もちろん、特性として、整理整頓の苦手さが変わるわけではないですが、それでもプロンプトとフェイディングによって、整理整頓が苦手な子を無理なくサポートできます。

学習意欲が低い子——20

・○○さんならできるって知っているよ
・○○さんのこと信じていたよ

何だか気だるそうな、まひろさん。

（やりたくない。つまんない）

どうしても算数の時間になると、学習意欲が低くなりがち。

やる気が出ないからこそ、色々な作業も遅れ、どんどんわからなくなる悪循環。

ついつい教師も、

「ちゃんとやりなさい」

怒った口調で指導をしてしまいます。


このような学習意欲が低い子は、最初から意欲が低かったのでしょうか？

いいえ、ちがいます。

できないことへの傷つき体験から、どうしても授業へのモチベーションが高まらないのです。

ですから、一番の解決策は、授業自体がその子にとって楽しいものになることです。

ただ、そんな簡単に授業自体が変わるわけではありませんから、せめて、まひろさんのやる気を引き出す言葉がけだけでも、まずは変えていきたいところです。

まず伝えたいのが、

「○○さんならできるって知っているよ」

そんな期待の言葉がけです。

子どものがんばりをほめる前段階として、この期待や励ましの言葉がけは、その子の心に火を灯します。

「この問題できたら相当すごいよ。やってみる？」

そんなふうに、全体や個別などで、やる気の火を灯す言葉を伝えたいです。

事前に、予告的に期待を込めた言葉を伝えることが、先手の支援になります。

その上で、微かでも取り組んだ際に必要なことは、ほめ言葉です。
支援フレーズの中でも、ほめ言葉は、最も多様な言葉と方法を教師はもっておきたいものです。
「○○さん、その調子だよ」（名前ほめ）
「写すのも勉強だね。ナイス」（行動ほめ）
「○○さん、よくがんばってるな～～」（つぶやきほめ）

「4月と比べて、計算力ついてきたね」（比較ほめ）
「解いているね。本当によく解いているよ」（繰り返しほめ）
「1班がよく集中しているね」（グループほめ）
「もう3問も解いたの！　すごい！」（数値ほめ）
「最近、○○さんってよくがんばってるよね」（噂ほめ）※周りの友人に伝える

このように、ほめ言葉を多様に使いこなすことで、その子に届きやすいほめ言葉を見つけていけます。

ほめ言葉は、言わば車の燃料のようなものです。

意欲が低い子は最初からこの燃料が少ない状態です。だったら、教師がガソリンスタンドになって、ほめ言葉という名の燃料を、目的地に到着できるように給油してあげればよいです。

そして、目的地に到着できた際は、

「○○さんならできるって信じていたよ」

そんなふうに、その子自身との信頼関係を構築していくことで、より意欲を高める言葉がけの効果は高まっていきます。

第3章

支援を要する
あの子に教えたい
ぴったりフレーズ

小さなごめんね

第2章でも扱った事例のように、「ごめんね」という言葉が出づらい子が教室にはいます。

そのような子にとっては、「ごめんね」という言葉がどうしても特別で、使ってはいけないようなものになっている場合があります。

そんな「ごめんね」のハードルを下げるために、「大きなごめんね」と「小さなごめんね」があることを教えるようにしています。

次のように語っていきます。


「悪いことをしたときに言う言葉とは何ですか？」

（ごめんね）

「ごめんねって言ったことがある人？」

（みんな元気よく手を挙げる）

「あるよね、先生もよく誰かに迷惑かけたときに、ごめんねって言います」

「ところで、ごめんねには2種類あるの、知っていますか？」

「それは、『大きなごめんね』と『小さなごめんね』です」

「『大きなごめんね』は、たとえば誰かをわざとたたいちゃったり、誰かをわざと傷つけたりしたときに謝るときに言うごめんねです」

「それに対して、「小さなごめんね」はこんなときに使います」

「歩いていて誰かの物を落としてしまう」

（教師が実演する）

「こんなとき、ごめんねと言う、これが『小さなごめんね』」

「わざとじゃなくて、相手に悪いことしてしまったときに言うごめんねです」

「みんなの場合、実はこの小さなごめんねが言えなくて、けんかになってしまうことがよくあります」

「たとえば、こんな感じです」

（歩いていて誰かの物を落としてしまうが謝らずに歩いていく）（実演）

「『落とすなよ！』『わざとじゃないよ！』『いや、わざとだ！』といった感じでケンカになってしまうのです」

「こんな経験ある人？」

（大抵みんな手を挙げる）

「あるよね。だからね、わざとじゃなくて、相手に嫌な気持ちにさせたら、すぐに小さなごめんねを言えるといいね」

「小さなごめんねが言えるだけで、この教室のケンカはきっと半分くらい減りますよ」


このような語りを全体や個別でする場合があります。

この語りを一度伝えておくと、

「これは、小さなごめんねだよ。どうする？」

（小さなごめんねをする）

といったやり取りで、自分から謝りにいける場合も増えていきます。

謝ること＝損をすることではなく、謝ることが相手と仲良くなるための方法ということを実感できる支援フレーズです。

先生、我慢できません

腹が立つことがあったとき、自分で解決しようとして、手を出してしまう子がいます。

そのような子には合言葉を決めさせたいです。

「先生、我慢できません」

「先生、おこです」

「怒りＭＡＸです」

こんなふうに、その子と先生との間で、助けてもらいに行くためのフレーズを決めておくことは大切です。

ちょっぴりそのフレーズにユーモアが入っていると、言葉に出すことで何だか怒りが和ぐこともあります。

そして、その上で報告に来られたら、それだけで大いにほめてあげたいです。

「嬉しいなぁ。言いに来てくれて、ありがとう。先生、味方になるよ」

そんなふうに、問答無用に報告できた事実を受け止めたいです。

また、これらの行動は、言いに来られたらシールを台紙に貼っていくような、「トークンエコノミー」の手法とセットで取り組むのも効果的です。

視覚的に成長を価値づけることにつながります。

まぁ、ええかぁ

完璧を求めたり、失敗を受け止めきれなかったりするこだわりの強い子にとって、自分で自分に腹を立ててしまう場面は多いものです。

そんなときに魔法のフレーズとして、

「まぁ、ええかぁ」

を教えることがあります。

あえて、関西弁にすることで、気持ちがほっとするようで、口癖のように言っている子もいました。

また、この言葉と関連して、長谷川義史さんの絵本『いいからいいから』の読み聞かせをしてあげることもおすすめです。

色々な出来事に対して、受け止めて、楽しんでしまうおじいさんの生き方から、寛容であることの素敵さに気づきます。

結果的に、受け止める言葉「いいからいいから」「まぁ、ええかぁ」を使ってみようと思う子が出てくるでしょう。

口癖になるまでは時間がかかりますが、子どもの口からこの言葉が出てきたときは、しっかり認めてあげたいです。

〇〇されて嫌だったから、
謝って

「なんで、順番抜かししたの？」
「なんで、先に行っちゃったの？」
「なんで……」

子ども同士がトラブルになると、決まって子どもたちは相手に理由を聞きたがります。

この理由を聞くという行為がすべてダメではありませんが、これだけに頼るとトラブルの解決を長引かせたり、トラブルを悪化させたりします。

なぜなら、子どもたちのやっていることの理由は、特に深いものでなかったりするからです。

早く行きたかった、先に行きたかった、それ以外に理由がないため、理由を聞かれても困ってしまう子が多いです。

それよりも、わかりやすく気持ちを伝える方法を教えます。

「○○されて嫌だったから、謝って」

このように、自分がどんな気持ちだったか、その気持ちを明確に伝えることがトラブル解決にとって有効です。

トラブルがあった際は、このような気持ちを伝える場を教師は設定してあげたいです。

今日は、調子悪いんだ

自分の体や心の調子を理解することが苦手な子がたくさんいます。

自分の調子がわからないために、無理をし過ぎてしまったり、うまく感情をコントロールできなくなったりする子もいます。

そんなときに、教師がその子の実態に合わせて対応するとともに、自分で調子を伝えることを教えます。

「今日は、調子が悪いんだ」

そんな不調を伝えることができたら、まずはものすごく認めてあげたいです。

その上で、こちらから、無理のない課題を提示してあげればよいです。

このような自分の不調を伝えられることが増えてきたら、次の段階としては、自分で希望する行動を伝えられるようにしたいです。

「今日は、調子が悪いので、漢字スキルやめていいですか？」

このような自分の希望を伝えることは、大切なスキルの一つになります。

ただし、何でも要求が通ると勘違いしてしまわないように、調子が悪い状態を受容しながら、がんばらせることも必要です。

その際、選択肢を示すことで、自分で決めて納得してがんばれることが多いです。

・今の取り消し

・え～じゃなくて、お～!!

衝動性の高い子ほど、不用意に否定的な言葉を言ってしまうことがあります。

そんなとき、言った後で、ハッと気づくことも多いものです。

そんなふうに、咄嗟に言った言葉がよくないことに気づいたら、次の言葉がよいと伝えています。

「今の取り消し」

これを自分で言えることは、それだけで素晴らしいことです。

たとえば、取り組む問題の量が多かったとき、

「え～！　めんどくさ～い！　あっ、今の取り消し！」

そんなふうに言えた場合は、それ以上の指導はしないと本人とも約束をしておきます。

そのように自分の行動を自分で諫める言葉を教えています。

さらに、衝動的に言ってしまう言葉に、

「え～！」

という言葉があります。

この言葉も、

「え～！　じゃなくて、お～!!って言ってごらん」と話しています。

手伝って

支援を要する子の中に、誰かを頼ることを苦手とする子が多いです。自分の力で何とかしようとしたり、頼りたいけれど頼ろうとすることが怖くてできなかったりする子がいます。

そのような子には、「援助要請スキル」を一つでも多く教えていきたいです。

たとえば、

「手伝って」

といったように、友だちや大人に頼る言葉がけが大切です。

最初は自分から言えない子にも、「手伝ってって言ってごらん」などと促してあげて、人を頼ることができたら認めていきます。

そのような中で、自分から頼れた際には、

「よく自分で手伝ってと伝えられたね。先生は嬉しいよ」

といったように、Ｉメッセージで気持ちを伝えることで、頼れたことへの成功体験ができあがっていきます。

頼ることは決してネガティブなことではなく、ポジティブな力であるということを繰り返し体験的に教えていきたいです。

・お願《ねが》いします
・ありがとうございます

支援を要する子の中には、あいさつのマナーによって誤解をされる子が多いです。

色々なあいさつのマナーはありますが、

「お願いします」「ありがとうございます」

この2つだけは、学級全体でも必ず教えるようにしています。

「この2つのあいさつができる人は、相手を大切にできる人なんだ。たった一言、付け足すだけで、相手を幸せにできる魔法の言葉です」

などと2つのあいさつの意義を教えています。

これらのあいさつは、教えていないと黙って提出物を渡したり、誰かに何かをしてもらったりしても、咄嗟に感謝の言葉が出ない場合が多いです。

だから、日常の中で、プリントを提出する際には「お願いします」、テストなどが返却された際には「ありがとうございます」と言うことを教えます。

これらが言えていたら、「素敵だね」「気持ちがいいね」「ありがとう」などとフィードバックをしていきます。

とても地味で当たり前のことですが、1年間続けていくと、支援を要する子やそれ以外の子どもたちにとっても、大きなマナーの財産になります。

今、〇〇したいから、
また、後で遊ぼう

友だちから遊びに誘ってもらった際に、断り方が下手な子がいます。

「いやだ！」

これでは、せっかく誘ってくれた子が傷ついてしまいます。

本当は別でやりたいことがあったのに、その理由が伝えられないために、ただただ否定した言葉だけが伝わってしまいます。

こういった語彙の不足から起きるトラブルが学校では多くあります。

そこで、友だちに誘われたときの断り方も教えるようにしています。

「今、○○したいから、また後で遊ぼう」

このような言葉を伝えるとよいことを教えます。

実際に、教室ではロールプレーイングで、誘う方と断る方の役をして、体験的にやってみるとわかりやすいです。

こうすることで、誘う方も、相手が断った理由について考えることが大切なのだと気づくことができます。

相手の気持ちを理解することが苦手な子ほど、できるだけその気持ちを言葉にできるように教えていきます。

先生、休憩していいですか？

休み時間にトラブルがあり、イライラして帰ってくるような子がいます。

そのようなとき、無理に授業をがんばろうとすると、余計にパニックになります。

そのようなパニックになりやすい子に教えたいのが余暇のスキルです。

「先生、休憩していいですか？」

この一言は、自分の心をクールダウンするために、大切なスキルです。

この際、その子にとって休憩するのに適した場所をあらかじめクールダウンスペースとして決めておいてあげると、本人も安心して休憩できます。

また、教師は穏やかな口調で、

「何分くらい休憩する？」

と確認してあげる場合もあります。

これは、こだわりの強い子のタイプの場合、一度休憩すると、そこから戻って来れない場合があるからです。

そのような子の場合は、時間を確認してあげるのも効果的です。

ただし、時間を無理に設定することで、イライラが増えることもあるので、子どもの様子によって対応は変えるべきです。

第4章

支援を要するあの子の保護者に伝えたいぴったりフレーズ

○○さんのこと、
教えてください

支援を要する子を担任したときに、できるだけ早い段階で、保護者と顔合わせをしておきたいです。

それは、その子の特性を知り、支援をしていく上で、誰よりも情報をもっているのが保護者だからです。

「○○さんのこと、教えてください。僕がまだまだわかってあげられていない、あの子の困り感や得意なことを知って、支援に役立てていきたいんです」

そんなふうに、自分の力不足・情報不足を素直に伝えるようにしています。

保護者が知っている情報は、その子が生まれてから今に至るまで一緒に過ごした時間の分だけあります。

もちろん専門的な知識で言えば、教師の方が情報をもっている場合もあるでしょう。

しかし、本当の意味で保護者と同じ目線で子どものことを応援していこうと思うなら、まずは、その子の一番の応援団である保護者を頼り、教えを乞うことが重要です。

このような教師の謙虚な姿勢が、保護者の信頼を得て、共に育てる「共育」の意識を醸成していくのです。

１年間、教師自身が保護者からたくさん学んでいきたいです。

いつも、ありがとうございます

教師がその子の担任として過ごす時間は基本的に1年間です。

でも、保護者は一生その子の人生を見守る役目があります。

そのような意味で、支援に悩んだり、苦労したりすることも、保護者の方の方が多いでしょう。

きっと学校では見えない課題もあったり、こちらがお願いしたりすることの中で、苦労することも多いはずです。

だからこそ、

「いつも、ありがとうございます」

この言葉を必ず、電話やお会いしたときには伝えるようにしています。

当たり前かもしれませんが、教師自身に保護者へのリスペクトの姿勢がないと、どこかでやってくれて当たり前という気持ちが生まれてきます。

学校でのストレスが溜まった分、家で発散させている子もいれば、学校の支度一つすることだって大変な子もいます。

色々なことを受け止めて、送り出してくれるからこそ、初めて学校で教育ができると自分に言い聞かせています。

十分すぎるほど、
やっていただいています

保護者は誰かから認められることが本当に少ないものです。

とりわけ、支援を要する子の保護者ほど、たくさんの苦労を抱えながら、労いの言葉ももらえず、子育てが「孤育て」になっている方も多いです。

そんな保護者の方に、せめて教師だけでも、労いの言葉をかけてあげたいです。

「十分すぎるほどやっていただいています。毎朝、学校の準備を一緒にやってくださっているだけで、○○さんにとってすごく大きな支えになっています。お母さんのお陰です」

学校の準備一つだって、支援を要する子の保護者は、本当に苦労をして、子どもを送り出しているものです。

そんな日常の取り組みを当たり前だと思わず、労うことは保護者の背中を押すことになります。

教師は、安易に電話で「○○についてご指導お願いします」などと保護者にお願いをしがちです。

お願いされることで苦しくなる保護者もたくさんいます。

もちろん、お願いしなければならないことも実際にあるでしょう。だからこそ、せめて保護者のがんばりを誰よりも認めていける伴走者でありたいです。

一緒に考えていきましょう

学級でトラブルを起こしてしまう子を担任した際、その保護者の方の多くが、非常に多くの悩みを抱えています。

そして、自分の育て方が悪かったのだと自分を責めてしまう方も多いです。

もしくは、自分を守るために、他責ばかりになってしまう方もたくさんいます。

そこで教師は、敵ではなく味方であると思ってもらう必要があります。

保護者に繰り返し伝えているのが、

「一緒に考えていきましょう」

という言葉です。

家庭にばかり押しつけるのもちがいます。学校だけで解決しようとするのもちがいます。ともに考えるという姿勢を、言葉で伝えていきたいです。

もちろん、学校でできる支援と家庭でできる支援はちがいます。

しかし、あの子を支援する、あの子の成長を考えていく、その立ち位置は一緒です。

「○○さんがこういうとき、家ではどうやって支援されていますか？」

そんなふうに、保護者にも質問をしながら支援方法を考えることで、「一緒に考えましょう」という言葉に説得力が生まれます。

どうしても○○さんのことを
伝えたくて電話しちゃいました

「学校からの電話＝トラブル」

そんなふうに思っている保護者の方はたくさんいます。

それは、学校からよいことの電話がくることがいかに少ないかを物語っています。

だから、私は用事がなくても電話するようにしています。

「どうしても○○さんのことを伝えたくて電話しちゃいました」

そんなふうに、学校生活でのがんばりを保護者に伝えるようにしています。

この際に大切なのが、そのがんばりを伝えたら、本当に電話を切るということです。

ついつい、せっかく電話したのだから、保護者にお願いしたいことも伝えようとなると、結果的に保護者の心に残るのは、お願いされたことになります。

もちろん、そんな日もあるかもしれませんが、シンプルにあの子のがんばりや成長を伝えるだけの電話で終わらせることで、保護者の気持ちも晴れやかになります。

そして、教師も嬉しい情報だけの電話は、何だか穏やかで幸せな気持ちになります。

結果的に、家庭でも子どもたちのがんばりを認めてもらいやすいです。

限られた放課後の時間ですが、この電話一本が保護者や子どもの信頼を、大きく揺るがないものへと変えていきます。

第5章

支援を要するあの子の担任を支えたいぴったりフレーズ

がんばってくれて、
ありがとう

保護者とともに孤独な存在になりがちなのが、支援を要する子の学級担任です。まだまだ学校現場は、支援を要する子を学級担任一人の力で何とかしようとするところがあります。

もちろん小学校であれば、学級担任と過ごす時間も多く、子どもとの関係性という意味でも、担任がキーパーソンになることがどうしても多いでしょう。

でも、だからこそ同僚として、支援を要する子を担任している教師には、たくさんの労いの言葉を伝えたいです。

「〇〇さんの支援大変だよね。がんばってくれて、ありがとう」

学校みんなで子どもを育てている、そんなふうに本気で思うなら、感謝の言葉を伝えることが適切です。

また、この感謝を伝える際には、具体的な支援場面を取り上げて、そのよさを伝えるようにもしています。

「〇〇さんがパニックになったとき、さっと別の場所に誘導していたよね。周りの刺激を減らしてあげるって大切だよね。フォローありがとうね」

そんなふうに、支援の素晴らしさを価値づけつつ感謝するとより伝わります。

今、何に困っているの？

支援を要する子を担任すると、悩みは毎日尽きません。

でも、いつも同僚に相談できるかと言うと、言い出しづらかったり、自分で何とかしなければと思ったりするものです。

だからこそ、周りにいる同僚は、

「今、○○さんの支援で何に困っているの？」

そんなふうに、さり気なく聞いてあげたいです。

長時間の支援会議をいつもするよりも、放課後の立ち話や職員室でのミニ支援会議が、実は溜まったストレスを緩和することになります。

その際、まずは傾聴するために、『そ』のつく言葉を言うようにしたいです。

「そうだよね」「それは大変だったね」

「そりゃあ、そうだなぁ」「それはわかるなぁ」

このように傾聴した上で、相手が答えを求めているなら、具体的な解決策を提示してあげるとよいでしょう。

時にはただ聴いてほしいだけで、答えは求めていない場合もあります。

相手に合わせて、同僚を支えていきたいです。

○○先生を頼ってみようか？

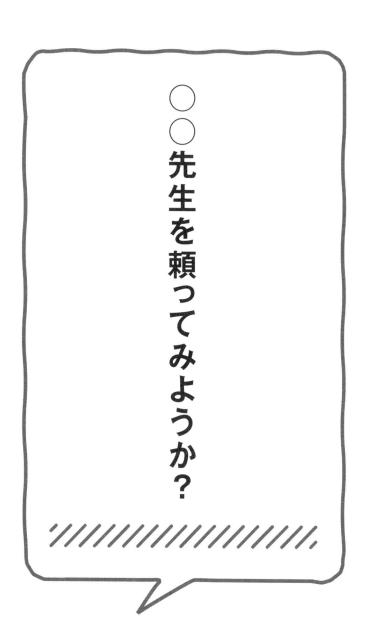

若い頃、支援会議を開いてもらったり、誰かを頼って相談したりすることが苦手でした。

そもそも困ったときに、学年の先生以外に誰を頼ればよいか迷うことも多いです。

だからこそ、学年主任やミドルリーダーの先生は、上手にその橋渡しをしてあげてほしいです。

「けんじさんの支援のこと、○○先生を頼ってみようか？　心理士さんとかにアセスメントしてもらえるかもしれないよ」

そんなふうに、関係機関とつなぐきっかけをつくりたいです。

自分から、支援会議を開いてもらったり、誰かに来てもらったりすることを、迷惑をかけていると思う人も一定数います。

しかし、支援が必要な子を一人で育てるのではなく、たくさんの人の力を借りて育てた方が、結果的に子どものためになります。

職場の中に、このようなお互いを頼る雰囲気をつくる上で、積極的に頼る橋渡しをしていく存在が学校には必要だと考えます。

また、ご自身が若手だとしたら、遠慮せず、学年主任やコーディネーターの先生に相談をして、支援方法をみんなで考える場をつくっていってもらいたいです。

○○先生のお陰です

保護者同様に、教師もまた誰かに認められることが少ない仕事です。せめて、同僚だけでも、支援を要する子を担任している苦労を理解し、労いの言葉をかけてあげてほしいです。

「ゆうじさん、運動会のダンスがんばって参加していたね。事前にダンスの個別練習とかに付き合ってあげていた○○先生の支援のお陰だね」

同僚のがんばっていたポイントを見取り、そのがんばりが支援を要する子を変えた事実を認めていく、このようなフォローが大切だと考えています。

ただ、いつもいつも目に見えて成果が出ているわけではないでしょう。

そんなときは、当たり前を認める言葉を伝えています。

「ゆうじさんが、登校できているのは○○先生のお陰だよ」

「毎日、ゆうじさんと関わっているだけで、すごいがんばりだよ」

学校に登校することだって、当たり前と思うか、有難いと思うかで変わっていきます。

支援を要する子と、担任として一日過ごしているそのこと自体も尊いことです。

そんなふうに、日々のがんばりを労い合える学年や学校の文化をつくるためにも、まずは自分からそんな言葉を発していきたいと思っています。

○○さんが今日ね……

支援を要する子を担任すると、保護者同様に自分の耳に届く情報がトラブルではないかと身構えることがあります。

そうではなく、同僚として、担任が知らないあの子のよさを積極的に伝えてあげたいです。

「たかやさんが今日の掃除の時間ね、1年生に、ほうきの使い方を優しく教えてくれていたんです。1年生がすごく喜んでいました。たかやさんにぜひ伝えてあげてください」

こんなふうに、エピソードを交えて伝えるようにしています。

この際、ついつい「ほめてあげてください」と伝えがちですが、ほめるという行為は強制しない方がよいと思っています。

きっとそんなことを伝えなくても、その先生はたかやさんをほめるからです。

また、逆に担任ではなく、その子自身に一筆箋でがんばりを認めるメッセージを書き、担任の先生にも見せるように伝えることもあります。

担任として、自分の見ていないところでのがんばりほど、嬉しいものはありません。

支援を要する子との関係性をつくる上でも、大きな支えになる言葉がけです。

おわりに

日本全土が台風の影響を受けた２０２４年の夏の終わり。

私は家族で『インサイドヘッド２』の映画を観ました。

この映画は、主人公の少女ライリーの頭の中にある感情が、キャラクターとなって活躍するお話です。

彼女の幸せのために尽くすヨロコビ、シンパイ、イイナ、ダリィ、ハズカシ、イカリ、ムカムカ、ビビリ、カナシミという9人の感情たち。

一見すると、ヨロコビという感情だけあればよい、そう感じてしまうけれど、ストーリーの中で、様々な感情が合わさって初めて人は自分らしくいられると気づく、そんな素敵なお話でした。

この映画を観たとき、個性もまた同じだということに気づかされます。

私たちは誰もがみんな、よい個性もあれば、ちょっぴり扱いづらい個性ももっていると。

そんな個性と付き合っていく方法を子どもの頃は知りません。

「どうして、私はいつも忘れものしちゃうんだろう」

「どうして、僕はいつもすぐに怒っちゃうんだろう」

そんなたくさんの悩みを抱えながら子どもたちは生きています。

その悩みを解決するには、自分自身と向き合うしかありません。

でも、そんな向き合い方のヒントをくれる存在が、家族であり、友だちであり、本であり、教師だったりするのです。

私たち教師にできることは、教室のあの子たちにとって本当にわずかかもしれません。

でも、あの子に届く言葉があるなら、その言葉を紡ぎ、彼らの背中を押してあげたいと私は思います。

ついつい教師は傲慢に、自分の思い通りに子どもたちを動かそうとしてしまいます。

私もその傲慢さゆえに、たくさん失敗をして、子どもたちを傷つけてしまいました。

でも、そんな傲慢さもまた、教師として子どもたちの成長を願う、一つの表現なのだと思います。

そんな傲慢さと向き合いながら、目の前の子どもたちの姿をしっかりと見て、教室のあの子があの子らしくあれるぴったりな言葉を、今日もまた考え、紡いでいきたいです。

最後になりますが、3年連続で私とともに伴走をしてくださった編集者の北山俊臣さんと、私に言葉のもつ可能性を教えてくれた教室のあの子たちに、感謝をして筆を置こうと思います。

2024年9月1日（日）夏休み最終日、台風の雨音が聞こえる書斎にて

山崎　克洋

◆参考文献一覧

TOSS横浜、TOSS和教え方セミナー、教育サークル一刻館、TOSS関連セミナー等講座・講座資料

小嶋悠紀（2023）『発達障害・グレーゾーンの子がグーンと伸びた　声かけ・接し方大全　イライラ・不安・パニックを減らす100のスキル』講談社

小嶋悠紀（2023）『イラストでわかる　特性別　発達障害の子にはこう見えている』秀和システム

TOSS特別支援教育編集部（2015）『TOSS特別支援教育誌』　第1号　東京教育技術研究所

大場美鈴（2016）『発達障害&グレーゾーンの3兄妹を育てる母の毎日ラクラク笑顔になる108の子育て法』ポプラ社

大場美鈴（2020）『発達障害&グレーゾーン子育てから生まれた　楽々かあさんの伝わる！　声かけ変換』あさ出版

平山諭（2011）『満足脳にしてあげればだれもが育つ！』ほおずき書籍

米澤好史、松久眞実、竹田契一（2022）『特別支援教育　通常の学級で行う「愛着障

害」サポート 発達や愛着の問題を抱えたこどもたちへの理解と支援』明治図書出版
渡辺道治（2024）『発達が気になる子の教え方 THE BEST』東洋館出版社
上村裕章、吉野智富美（2010）『発達障がい ABAファーストブック 家族の体験記から学ぶ』学苑社
小笠原恵、加藤慎吾（2019）『発達の気になる子の「困った」を「できる」に変えるABAトレーニング』ナツメ社
杉山尚子（2005）『行動分析学入門 ヒトの行動の思いがけない理由』集英社
新井洋行、岡田俊（2023）『かいじゅうポポリは こうやって いかりをのりきった（かいじゅうとドクターと取り組む 2）』パイインターナショナル
山崎克洋（2023）『教師1年目がハッピーになるテクニック365』東洋館出版社
山崎克洋、渡辺真喜（2024）『初任者教師のスタプロ バッチリ授業技術編』東洋館出版社
山崎克洋、森大樹（2024）『初任者教師のスタプロ ハッピー学級経営編』東洋館出版社
山崎克洋、篠原諒伍（2024）『初任者教師のスタプロ スマート仕事術編』東洋館出

版社
山崎克洋（2024）『続ければ本物になる　帯指導の教科書』東洋館出版社

◆HP
・文部科学省　通常の学級に在籍する特別な教育的支援を必要とする児童生徒に関する調査結果（令和4年）について
https://www.mext.go.jp/b_menu/houdou/2022/1421569_00005.htm
・NHK　発達障害プロジェクト　困りごとのトリセツ（わたしのトリセツ）
https://www1.nhk.cr.jp/asaichi/hattatsu/index.html
・徳島県チャンネル　心のセルフケア動画③「アンガーマネージメントについて」（小学校用）
https://sn1.e-kokoro.ne.jp/kimochi/
https://www.youtube.com/watch?v=jrXekwX8c10
・熊本市教育センター　気持ちの温度計
https://www.kumamoto-kmm.ed.jp/kyouzai/web/FeelingThermometer/index.html

・ＴＯＳＳオリジナル教材　センサリーツール　にぎモン
https://www.tiotoss.jp/products/detail.php?product_id=4336
・ぷりんときっず　表情から気持ちを読み取る練習
https://print-kids.net/print/other/hyoujou-kimochi/

山崎克洋（やまざき・かつひろ）

神奈川県小田原市立公立小学校勤務。

玉川大学教職大学院卒（教職修士）、ＮＰＯ法人教師と子どもの未来・湘南（理事）。

初任者を応援するスタートアッププロジェクト（リーダー）として初任者や若い先生たちを応援する活動をしている。

著書に、『教師1年目がハッピーになるテクニック３６５』『初任者教師のスタプロ　ハッピー学級経営編』『初任者教師のスタプロ　バッチリ授業技術編』『初任者教師のスタプロ　スマート仕事術編』『帯指導の教科書』（すべて東洋館出版社）などがある。

支援を要するあの子に届く
ぴったりフレーズ

2025(令和7)年2月14日　初版第1刷発行

著　　　者：山崎克洋
発　行　者：錦織圭之介
発　行　所：株式会社 東洋館出版社
〒101-0054　東京都千代田区神田錦町2-9-1
コンフォール安田ビル2階
代表　　TEL：03-6778-4343　FAX：03-5281-8091
営業部　TEL：03-6778-7278　FAX：03-5281-8092
振替　00180-7-96823
URL　https://www.toyokan.co.jp

装　　　丁：奈良岡菜摘
イラスト：パント大吉
組　　　版：株式会社ダイヤモンド・グラフィック社
印刷・製本：株式会社ダイヤモンド・グラフィック社

ISBN978-4-491-05710-1

Printed in Japan